Guide Complet Sur GIT

Introduction à Git

Git est un système de contrôle de version distribué qui a révolutionné la façon dont les développeurs gèrent et collaborent sur leurs projets logiciels. Conçu par Linus Torvalds en 2005, Git est devenu l'outil de prédilection pour de nombreuses équipes de développement grâce à sa flexibilité, sa rapidité et sa robustesse.

Ce guide complet sur Git vise à fournir aux développeurs, débutants comme expérimentés, une compréhension approfondie de Git et de son utilisation dans le contexte du développement de logiciels. Que vous travailliez sur de petits projets personnels ou sur des projets d'envergure professionnelle avec une équipe dispersée, Git peut améliorer considérablement votre flux de travail et faciliter la collaboration.

Dans cette introduction, nous allons survoler brièvement les principaux concepts de Git et ses avantages, avant de vous guider étape par étape à travers les fonctionnalités essentielles de cet outil. Que vous soyez développeur, designer ou toute autre personne impliquée dans la création de logiciels, ce guide vous donnera les compétences nécessaires pour exploiter pleinement le potentiel de Git.

Prérequis : Avant de plonger dans Git, il est utile d'avoir des connaissances de base en ligne de commande et en gestion de fichiers dans un environnement de terminal. Cependant, même si vous êtes novice dans ces domaines, ne vous inquiétez pas, nous vous guiderons tout au long du processus.

Contenu du guide :

1. Introduction à Git - Vous êtes ici.
2. Les bases de Git - Démarrage avec Git, les commandes de base, et la gestion de l'historique.
3. Gestion des branches - Comprendre les branches, les fusionner, et gérer les conflits.
4. Travail collaboratif avec Git - Clonage, push, pull et travail avec des dépôts distants.
5. Exploration avancée - Réécriture de l'historique, utilisation des alias et des tags.
6. Gestion de projets complexes - Sous-modules, Git Subtree et .gitignore.
7. Bonnes pratiques et astuces - Des conseils pour optimiser votre flux de travail avec Git.
8. Intégration avec des plates-formes d'hébergement - Utilisation de Git avec GitHub, GitLab et Bitbucket.
9. Sécurité et bonnes pratiques de sauvegarde - Protéger votre référentiel et sauvegarder vos données.
10. Conclusion - Un récapitulatif des points clés et des prochaines étapes pour approfondir Git.

Prêt à découvrir Git et à maîtriser l'art de la gestion de version ? Commençons par les bases et ouvrons la voie vers une meilleure collaboration et un développement logiciel plus efficace avec Git !

Chapitre 1 : Introduction à Git

1.1 Qu'est-ce que Git ?

Git est un système de contrôle de version distribué (DVCS - Distributed Version Control System) conçu pour gérer efficacement les projets de développement logiciel. Contrairement aux systèmes de contrôle de version centralisés, Git fonctionne de manière décentralisée, ce qui signifie que chaque développeur possède une copie complète de l'historique du projet sur sa machine locale. Cette architecture distribuée offre plusieurs avantages importants pour la collaboration et la gestion du code source.

1.2 Avantages de l'utilisation de Git

Git offre de nombreux avantages qui en font l'outil de choix pour le contrôle de version dans l'industrie du développement logiciel. Voici quelques-uns de ses principaux atouts :

a. Gestion efficace de l'historique : Git enregistre chaque changement apporté au code source sous forme de "commit", créant ainsi un historique clair et détaillé de l'évolution du projet. Cela permet aux développeurs de revenir en arrière, d'explorer l'historique des modifications et de comprendre facilement qui a fait quoi et quand.

b. Collaboration simplifiée : Grâce à sa nature distribuée, Git permet à plusieurs développeurs de travailler simultanément sur le même projet, sans se gêner mutuellement. Chacun peut développer sur sa branche, puis fusionner les modifications lorsque le travail est terminé, facilitant ainsi la collaboration entre les membres de l'équipe.

c. Gestion des branches : Git facilite la création de branches légères et rapides, permettant aux développeurs d'expérimenter de nouvelles fonctionnalités ou de corriger des bugs sans perturber le code principal. Les branches peuvent être fusionnées en douceur une fois que le travail est terminé.

d. Performance et rapidité : Git a été conçu pour être rapide, même sur des projets de grande envergure. Les opérations courantes telles que les commits, les branches et les fusions s'exécutent rapidement, ce qui améliore la productivité des développeurs.

e. Flexibilité : Git n'impose pas de flux de travail spécifique et s'adapte à différentes méthodes de développement. Vous pouvez choisir entre des modèles de flux de travail centralisés, comme le flux de travail Gitflow, ou des modèles plus légers, selon les besoins spécifiques de votre projet.

1.3 Installation de Git sur différentes plateformes

Pour commencer à utiliser Git, vous devez d'abord l'installer sur votre système. Git est disponible pour différentes plates-formes, y compris Windows, macOS et les distributions Linux. Voici comment procéder à l'installation :

a. Installation sur Windows : Vous pouvez télécharger l'installateur Git pour Windows à partir du site officiel de Git (https://git-scm.com/download/win). Une fois le téléchargement terminé, lancez l'installateur et suivez les instructions à l'écran.

b. Installation sur macOS : Sur macOS, Git est souvent déjà installé. Vous pouvez le vérifier en ouvrant le terminal et en tapant "git --version". Si Git n'est pas installé, vous pouvez l'installer à l'aide de Homebrew ou en téléchargeant l'installateur depuis le site officiel de Git.

c. Installation sur Linux : Pour les distributions Linux, vous pouvez installer Git à partir du gestionnaire de paquets de votre système. Par exemple, pour Ubuntu ou Debian, ouvrez le terminal et tapez "sudo apt-get install git". Pour d'autres distributions, utilisez l'équivalent du gestionnaire de paquets spécifique à votre distribution.

Une fois Git installé, vous êtes prêt à commencer à travailler avec ce puissant système de contrôle de version. Dans le prochain chapitre, nous aborderons les bases de Git, y compris la création d'un référentiel (repository) et les commandes de base pour commencer à suivre les modifications de votre code.

Chapitre 2 : Les bases de Git

Dans ce chapitre, nous allons explorer les bases essentielles de Git. Nous aborderons les étapes nécessaires pour initialiser un référentiel (repository), configurer votre identité d'utilisateur, et les commandes de base pour commencer à suivre les modifications de votre code.

2.1 Initialisation d'un nouveau référentiel

Pour commencer à utiliser Git sur un projet existant ou sur un nouveau projet, vous devez d'abord initialiser un référentiel Git. Un référentiel est un répertoire qui contient tous les fichiers et dossiers de votre projet ainsi que l'historique des modifications apportées à ces fichiers.

Pour initialiser un nouveau référentiel Git, ouvrez le terminal ou la ligne de commande et accédez au répertoire racine de votre projet. Utilisez ensuite la commande suivante :

```
git init
```

Cette commande créera un nouveau répertoire caché nommé ".git" dans votre répertoire de projet, où Git stockera toutes les informations nécessaires pour suivre les modifications de votre code.

2.2 Configuration de l'identité de l'utilisateur

Avant de commencer à effectuer des commits, il est important de configurer votre identité d'utilisateur. Cela vous permettra d'attribuer correctement les modifications que vous apportez au code. Pour configurer votre identité, utilisez les commandes suivantes :

```
git config --global user.name "Votre Nom"
git config --global user.email "votre@email.com"
```

Remplacez "Votre Nom" par votre nom d'utilisateur et "votre@email.com" par votre adresse e-mail associée à votre compte Git. L'option "--global" indique que ces informations seront utilisées de manière globale pour tous les référentiels sur votre système.

2.3 Les commandes de base : add, commit et status

Une fois que vous avez initialisé votre référentiel Git et configuré votre identité, vous êtes prêt à commencer à suivre les modifications de votre code.

a. `git status` : Cette commande vous permet de voir l'état actuel de votre référentiel. Elle affiche les fichiers modifiés, les fichiers qui sont en attente d'être validés (staged), ainsi que les fichiers non suivis par Git.

b. `git add` : Utilisez cette commande pour ajouter des modifications spécifiques à la zone de préparation (staging area). La zone de préparation est un espace où vous préparez les modifications que vous souhaitez inclure dans votre prochain commit. Vous pouvez ajouter des modifications spécifiques en utilisant le nom du fichier, ou ajouter toutes les modifications en utilisant `git add .`

c. `git commit` : Une fois que vous avez ajouté les modifications souhaitées à la zone de préparation, vous pouvez effectuer un commit. Un commit est une capture instantanée des modifications que vous avez préparées dans la zone de préparation. Chaque commit doit être accompagné d'un message décrivant les modifications apportées. Utilisez la commande suivante pour effectuer un commit :

```
git commit -m "Message de commit"
```

Remplacez "Message de commit" par un message concis et descriptif qui explique les modifications apportées.

2.4 Visualisation de l'historique des commits avec log

Après avoir effectué des commits, vous pouvez utiliser la commande `git log` pour afficher l'historique des commits réalisés dans le référentiel. Cette commande vous montrera la liste des commits effectués, avec les informations associées telles que l'auteur du commit, la date et l'heure du commit, et le message de commit.

```
git log
```

Pour quitter l'affichage des logs, appuyez sur la touche "q".

Dans ce chapitre, nous avons couvert les bases fondamentales de Git, y compris l'initialisation d'un référentiel, la configuration de l'identité de l'utilisateur, les commandes pour ajouter et valider les modifications, ainsi que l'affichage de l'historique des commits. Dans le prochain chapitre, nous plongerons plus en profondeur dans la gestion des branches Git et l'utilisation de celles-ci pour organiser votre flux de travail et faciliter la collaboration.

Chapitre 3 : Gestion des branches

Dans ce chapitre, nous allons explorer la gestion des branches dans Git. Les branches constituent un élément essentiel de Git, car elles permettent aux développeurs de travailler sur des fonctionnalités ou des correctifs de bugs isolément, sans perturber le code principal. Nous aborderons la création et la commutation de branches, ainsi que la fusion (merge) de branches pour incorporer les modifications dans le code principal.

3.1 Création et commutation de branches

Pour commencer à utiliser les branches, vous devez d'abord comprendre la branche principale de Git, appelée "master" (ou "main", selon la configuration). Cette branche contient le code de base de votre projet. Lorsque vous initiez un nouveau référentiel, Git crée automatiquement cette branche.

a. Création d'une nouvelle branche : Pour créer une nouvelle branche et basculer dessus, utilisez la commande suivante :

```
git branch nom_de_branche
```

Remplacez "nom_de_branche" par le nom que vous souhaitez donner à votre nouvelle branche. Pour basculer sur cette branche nouvellement créée, utilisez :

```
git checkout nom_de_branche
```

Une manière plus concise pour créer et basculer sur une nouvelle branche est d'utiliser la commande :

```
git checkout -b nom_de_branche
```

b. Liste des branches : Pour afficher la liste de toutes les branches présentes dans votre référentiel et indiquer sur quelle branche vous vous trouvez actuellement, utilisez la commande suivante :

```
git branch
```

L'étoile (*) indique la branche sur laquelle vous êtes actuellement positionné.

3.2 Fusion (merge) de branches

Lorsque vous avez terminé de travailler sur une branche et que vous souhaitez incorporer les modifications dans la branche principale (par exemple, "master"), vous pouvez effectuer une fusion (merge).

a. Basculer sur la branche de destination : Tout d'abord, assurez-vous d'être sur la branche dans laquelle vous souhaitez fusionner les modifications. Par exemple, pour basculer sur la branche "master", utilisez :

```
git checkout master
```

b. Fusionner la branche : Une fois sur la branche de destination, utilisez la commande suivante pour fusionner la branche que vous souhaitez intégrer :

```
git merge nom_de_branche
```

Remplacez "nom_de_branche" par le nom de la branche que vous souhaitez fusionner avec la branche actuelle (par exemple, "feature-nouvelle-fonctionnalite").

3.3 Résolution de conflits lors de la fusion

Parfois, Git peut rencontrer des conflits lors de la fusion des branches, surtout si des modifications contradictoires ont été apportées aux mêmes lignes de code. Lorsqu'un conflit se produit, Git marque les fichiers conflictuels et vous devrez les résoudre manuellement.

a. Pour résoudre les conflits, ouvrez les fichiers en conflit dans un éditeur de texte et recherchez les sections conflictuelles. Elles seront marquées avec des balises "<<<<<<<", "=======", et ">>>>>>>". Modifiez le code pour conserver les parties nécessaires et supprimer les balises conflictuelles.

b. Après avoir résolu les conflits, enregistrez les modifications et effectuez un nouvel engagement (commit) pour terminer le processus de fusion :

```
git commit
```

Git considère le conflit comme résolu une fois que vous effectuez le nouvel engagement.

Dans ce chapitre, nous avons exploré la gestion des branches dans Git, y compris la création, la commutation et la fusion de branches. Les branches sont un outil puissant qui permettent une collaboration efficace et un développement parallèle sans affecter le code principal. Dans le prochain chapitre, nous examinerons la collaboration avec Git, en particulier comment cloner des référentiels distants, envoyer et recevoir des modifications, ainsi que travailler avec des dépôts distants.

Chapitre 4 : Travail collaboratif avec Git

Dans ce chapitre, nous allons plonger dans le travail collaboratif avec Git. Nous verrons comment cloner des référentiels distants, envoyer (push) et recevoir (pull) des modifications, et comment travailler avec des dépôts distants pour faciliter la collaboration entre les membres de l'équipe.

4.1 Clonage d'un référentiel distant

Lorsque vous travaillez en équipe, il est courant de partager votre code avec d'autres développeurs en utilisant un référentiel distant, généralement hébergé sur une plate-forme telle que GitHub, GitLab ou Bitbucket. Pour commencer à collaborer, vous devez cloner ce référentiel distant sur votre machine locale.

a. Obtenir l'URL du référentiel distant : Sur la plate-forme d'hébergement (par exemple, GitHub), recherchez l'URL du référentiel distant que vous souhaitez cloner. L'URL devrait ressembler à ceci : `https://github.com/utilisateur/nom-du-referentiel.git`.

b. Cloner le référentiel : Ouvrez le terminal et accédez au répertoire où vous souhaitez cloner le référentiel. Utilisez la commande suivante pour effectuer le clonage :

```bash
git clone URL_du_referentiel
```

Remplacez "URL_du_referentiel" par l'URL que vous avez obtenue à partir de la plate-forme d'hébergement. Git téléchargera alors le référentiel distant et créera automatiquement une copie complète sur votre machine locale.

4.2 Pull et Push : Récupérer et envoyer des modifications

Lorsque vous travaillez en collaboration avec d'autres développeurs, il est essentiel de garder votre référentiel local synchronisé avec le référentiel distant.

a. Pull : Pour récupérer les dernières modifications du référentiel distant et les fusionner avec votre référentiel local, utilisez la commande pull :

```
git pull
```

Cette commande est utile pour vous assurer que votre référentiel local est à jour avec les dernières modifications apportées par les autres membres de l'équipe.

b. Push : Lorsque vous êtes prêt à partager vos modifications locales avec les autres, vous devez envoyer (pousser) ces modifications vers le référentiel distant. Utilisez la commande suivante :

```
git push origin nom_de_branche
```

Remplacez "nom_de_branche" par le nom de la branche que vous souhaitez pousser vers le référentiel distant. Si vous êtes sur la branche "master" ou "main", vous pouvez simplement utiliser :

```
git push
```

Cette commande enverra les modifications locales de la branche actuelle vers le référentiel distant.

4.3 Travailler avec des dépôts distants (remotes)

Git permet de gérer plusieurs dépôts distants, ce qui facilite le travail avec différents contributeurs et plates-formes d'hébergement. Par défaut, lorsque vous clonez un référentiel, Git crée un remote appelé "origin" qui pointe vers le référentiel d'origine.

a. Afficher les remotes : Pour afficher la liste des remotes associés à votre référentiel, utilisez la commande suivante :

```
git remote -v
```

Vous verrez les URLs des remotes associés à votre référentiel.

b. Ajouter un remote : Pour ajouter un nouveau remote, utilisez la commande suivante :

```
git remote add nom_remote URL_du_remote
```

Remplacez "nom_remote" par le nom que vous souhaitez donner au remote (par exemple, "upstream"), et "URL_du_remote" par l'URL du référentiel distant que vous souhaitez associer.

Dans ce chapitre, nous avons exploré le travail collaboratif avec Git en clonant des référentiels distants, en envoyant (push) et en récupérant (pull) des modifications, et en travaillant avec des dépôts distants (remotes). La collaboration est au cœur de Git, et ces fonctionnalités facilitent grandement la coordination entre les membres de l'équipe et la gestion du code source lors de projets de développement logiciel. Dans le prochain chapitre, nous aborderons des sujets avancés tels que la réécriture de l'historique avec le rebase et l'utilisation des alias pour simplifier les commandes.

Chapitre 5 : Exploration avancée

Dans ce chapitre, nous allons explorer des fonctionnalités avancées de Git qui peuvent améliorer votre flux de travail et vous permettre de gérer votre code de manière plus efficace. Nous aborderons la réécriture de l'historique avec le rebase, l'utilisation des alias pour simplifier les commandes, et l'utilisation des tags pour marquer des versions spécifiques de votre code.

5.1 Réécriture de l'historique avec rebase

Le rebase est une technique qui permet de réécrire l'historique des commits pour les rendre plus clairs et organisés. Plutôt que de fusionner des branches, le rebase déplace les commits d'une branche sur une autre en modifiant l'ordre chronologique. Cela permet d'obtenir un historique linéaire et plus cohérent.

Pour effectuer un rebase, utilisez la commande suivante :

```
git rebase branche_destination
```

Remplacez "branche_destination" par la branche sur laquelle vous voulez réappliquer les commits. Le rebase peut entraîner des conflits similaires à la fusion de branches. Vous devrez résoudre ces conflits manuellement avant de terminer le rebase.

5.2 Utilisation des alias pour simplifier les commandes

Les alias sont des raccourcis que vous pouvez définir pour simplifier l'utilisation de certaines commandes Git fréquemment utilisées. Les alias peuvent être définis pour vos commandes personnelles ou pour remplacer des commandes existantes par des noms plus courts.

Pour définir un alias, ouvrez le terminal et utilisez la commande suivante :

```
git config --global alias.nom_alias "commande_git"
```

Remplacez "nom_alias" par le nom que vous souhaitez donner à l'alias (par exemple, "co" pour "checkout"), et "commande_git" par la commande Git que vous souhaitez simplifier (par exemple, "git checkout").

Après avoir défini un alias, vous pouvez utiliser le nouvel alias à la place de la commande Git complète. Par exemple, si vous avez défini un alias "co" pour "checkout", vous pouvez utiliser :

```
git co nom_branche
```

au lieu de :

```
git checkout nom_branche
```

5.3 Utilisation des tags pour marquer des versions

Les tags sont des références immuables qui pointent vers des commits spécifiques, généralement utilisés pour marquer des versions importantes de votre code. Les tags sont utiles pour créer des versions stables et pour faciliter la navigation dans l'historique du projet.

Pour créer un tag, utilisez la commande suivante :

```
git tag nom_tag
```

Remplacez "nom_tag" par le nom que vous souhaitez donner au tag (par exemple, "v1.0.0"). Le tag sera appliqué au commit actuel.

Pour appliquer un tag à un commit spécifique, utilisez le hachage du commit :

```
git tag nom_tag commit_hash
```

Remplacez "commit_hash" par le hachage du commit auquel vous souhaitez appliquer le tag.

Les tags peuvent être partagés avec des référentiels distants en utilisant la commande push avec l'option "--tags" :

```
git push origin --tags
```

Cela enverra tous les tags locaux vers le référentiel distant.

Dans ce chapitre, nous avons exploré des fonctionnalités avancées de Git, notamment la réécriture de l'historique avec le rebase, l'utilisation des alias pour simplifier les commandes, et l'utilisation des tags pour marquer des versions spécifiques. Ces techniques peuvent améliorer considérablement votre productivité et votre compréhension de l'historique du projet. Dans le prochain chapitre, nous aborderons la gestion de projets complexes avec Git, y compris l'utilisation de sous-modules Git et la gestion des fichiers à ignorer avec .gitignore.

Chapitre 6 : Gestion de projets complexes

Dans ce chapitre, nous allons aborder la gestion de projets complexes avec Git. Nous examinerons l'utilisation de sous-modules Git pour intégrer des référentiels externes à votre projet principal, l'utilisation de Git Subtree pour gérer des projets intégrés, ainsi que l'importance de .gitignore pour ignorer des fichiers non pertinents dans votre référentiel.

6.1 Sous-modules Git

Les sous-modules Git sont utiles lorsque vous souhaitez intégrer un référentiel externe (comme une bibliothèque tierce) à votre projet principal. Plutôt que de copier le code du référentiel externe dans votre projet, vous pouvez inclure le référentiel externe comme un sous-module, ce qui vous permet de le maintenir séparément et de le mettre à jour indépendamment.

Pour ajouter un sous-module à votre projet, utilisez la commande suivante :

```
git submodule add URL_du_referentiel chemin_local
```

Remplacez "URL_du_referentiel" par l'URL du référentiel externe que vous souhaitez inclure, et "chemin_local" par le chemin local où vous souhaitez placer le sous-module dans votre projet.

Après avoir ajouté un sous-module, vous devrez l'initialiser et le mettre à jour en utilisant les commandes suivantes :

```
git submodule init
git submodule update
```

Pour mettre à jour tous les sous-modules en une seule commande, vous pouvez utiliser :

```
git submodule update -remote
```

6.2 Git Subtree : Gestion de projets intégrés

Git Subtree est une autre méthode pour gérer des projets intégrés, mais au lieu d'utiliser des sous-modules, Git Subtree intègre le code du projet externe dans votre projet principal.

Pour ajouter un projet externe en tant que subtree, utilisez la commande suivante :

```
git subtree add --prefix=chemin_local URL_du_referentiel branche
```

Remplacez "chemin_local" par le chemin local où vous souhaitez intégrer le projet externe, "URL_du_referentiel" par l'URL du référentiel externe, et "branche" par la branche du référentiel externe que vous souhaitez intégrer.

Pour mettre à jour le projet externe, utilisez la commande suivante :

```
git subtree pull --prefix=chemin_local URL_du_referentiel branche
```

6.3 Ignorer des fichiers avec .gitignore

Dans de nombreux projets, il y a des fichiers ou des répertoires qui ne devraient pas être inclus dans le contrôle de version Git car ils sont spécifiques à chaque développeur ou système. Vous pouvez les ignorer en utilisant le fichier .gitignore.

Créez un fichier nommé ".gitignore" à la racine de votre référentiel et ajoutez-y les noms des fichiers, répertoires ou modèles de fichiers que vous souhaitez ignorer. Par exemple :

```
# Ignorer les fichiers de configuration
config.ini

# Ignorer le dossier de dépendances
/node_modules/

# Ignorer les fichiers de compilation
*.exe
*.o
*.class
```

Les lignes qui commencent par "#" sont des commentaires. Vous pouvez ajouter autant de règles que nécessaire dans le fichier .gitignore pour ignorer les fichiers pertinents pour votre projet.

Assurez-vous de ne pas inclure de fichiers sensibles ou contenant des informations confidentielles dans votre référentiel, même s'ils sont ignorés par .gitignore. Les fichiers qui contiennent des informations sensibles ne devraient jamais être suivis par Git.

Dans ce chapitre, nous avons exploré la gestion de projets complexes avec Git, en utilisant des sous-modules Git pour intégrer des référentiels externes, Git Subtree pour gérer des projets intégrés, et .gitignore pour ignorer des fichiers non pertinents. Ces techniques sont essentielles pour maintenir un référentiel propre et bien organisé lors de la gestion de projets de développement logiciel plus complexes. Dans le prochain chapitre, nous aborderons les bonnes pratiques et astuces pour optimiser votre flux de travail avec Git.

Chapitre 7 : Bonnes pratiques et astuces avec Git

Dans ce chapitre, nous allons explorer quelques bonnes pratiques et astuces pour optimiser votre flux de travail avec Git. Ces conseils vous aideront à maintenir un référentiel propre, à éviter les erreurs courantes et à collaborer efficacement avec d'autres développeurs.

7.1 Faire des commits atomiques

Lorsque vous effectuez un commit, essayez de garder les modifications liées à une seule tâche ou fonctionnalité. Les commits atomiques rendent l'historique de votre projet plus lisible et facilite la recherche des modifications spécifiques. Évitez de combiner des modifications non liées dans un seul commit, car cela peut compliquer la gestion des versions et des retours en arrière.

7.2 Utiliser des branches nommées de manière significative

Donnez des noms significatifs à vos branches pour indiquer clairement l'objectif de chaque branche. Cela aide à comprendre rapidement le contexte et le but de la branche. Par exemple, utilisez des noms tels que "feature/nouvelle-fonctionnalite" ou "fix/correction-bug" plutôt que des noms génériques comme "branche1" ou "branche2".

7.3 Effectuer des pull requests et des revues de code

Si vous travaillez en équipe, il est recommandé d'utiliser des pull requests pour intégrer les modifications dans la branche principale. Les pull requests permettent d'examiner les modifications avant de les fusionner, ce qui améliore la qualité du code. Encouragez également les revues de code entre les membres de l'équipe pour identifier et corriger les erreurs potentielles.

7.4 Éviter les commits de code inachevé

Évitez de faire des commits de code inachevé ou expérimental, car cela peut entraîner des problèmes pour les autres développeurs qui travaillent sur le projet. Attendez d'avoir terminé une tâche ou une fonctionnalité avant de faire un commit. Vous pouvez utiliser des branches temporaires pour expérimenter sans perturber la branche principale.

7.5 Utiliser les branches locales pour les tâches courantes

Pour des tâches courantes telles que les correctifs de bugs mineurs ou les expérimentations rapides, utilisez des branches locales plutôt que des branches distantes. Cela permet de garder un référentiel distant propre et de minimiser les risques de conflits lors de la fusion.

7.6 Utiliser les hooks Git

Git permet d'utiliser des hooks, qui sont des scripts qui s'exécutent à des moments spécifiques du cycle de vie de Git. Vous pouvez utiliser des hooks pour automatiser certaines tâches, comme la vérification de la syntaxe, les tests automatisés ou la notification d'une équipe lorsque des modifications sont poussées vers le référentiel.

7.7 Garder un historique propre

Évitez de modifier l'historique des commits après avoir poussé vers un référentiel distant partagé, car cela peut créer des problèmes pour les autres développeurs. Si vous avez besoin de modifier un commit, utilisez le rebase avant de pousser vos modifications.

7.8 Utiliser des messages de commit significatifs

Écrivez des messages de commit clairs et descriptifs pour expliquer les modifications apportées dans chaque commit. Les messages de commit sont utiles pour retracer l'historique des changements et comprendre les motivations derrière chaque modification.

Dans ce chapitre, nous avons exploré des bonnes pratiques et astuces pour optimiser votre flux de travail avec Git. Ces conseils vous aideront à maintenir un référentiel propre, à collaborer efficacement avec d'autres développeurs, et à améliorer la qualité de votre code. Avec ces connaissances, vous êtes prêt à exploiter pleinement le potentiel de Git pour gérer et collaborer sur vos projets de développement logiciel. Dans la conclusion, nous récapitulerons les points clés de ce guide et vous donnerons des conseils pour approfondir vos connaissances en Git.

Chapitre 8 : Intégration avec des plates-formes d'hébergement

Dans ce chapitre, nous allons explorer l'intégration de Git avec des plates-formes d'hébergement telles que GitHub, GitLab ou Bitbucket. Ces plates-formes offrent des fonctionnalités supplémentaires pour faciliter la collaboration entre les membres de l'équipe, la gestion des projets et le suivi des problèmes. Nous aborderons également l'utilisation des pull requests et des workflows populaires avec Git.

8.1 GitHub, GitLab, Bitbucket : Introduction aux plates-formes d'hébergement

Les plates-formes d'hébergement telles que GitHub, GitLab et Bitbucket offrent un espace en ligne pour héberger vos référentiels Git. Elles facilitent la collaboration en permettant aux développeurs de partager leur code, de travailler ensemble sur des projets et de suivre les modifications de code au fil du temps.

Chaque plate-forme a ses propres caractéristiques, mais en général, elles fournissent des fonctionnalités telles que :

- L'hébergement de référentiels Git publics et privés.

- Des outils pour créer et gérer des pull requests.

- Des fonctionnalités de gestion des problèmes (issues) pour le suivi des bogues, des demandes de fonctionnalités, etc.

- Des fonctionnalités de gestion de projet telles que les tableaux Kanban et les intégrations avec d'autres services.

- Des capacités d'intégration avec des outils de CI/CD (Continuous Integration/Continuous Deployment).

8.2 Utilisation des pull requests pour la collaboration

Les pull requests sont une fonctionnalité clé des plates-formes d'hébergement qui facilitent la collaboration et la révision du code. Lorsque vous souhaitez intégrer des modifications de votre branche dans la branche principale (par exemple, de votre branche de fonctionnalité vers la branche "master"), vous ouvrez une pull request. Cela permet aux autres membres de l'équipe de revoir les modifications, de poser des questions et de fournir des commentaires avant la fusion.

Pour ouvrir une pull request, suivez ces étapes :

1. Poussez votre branche locale vers le référentiel distant.

2. Rendez-vous sur la plate-forme d'hébergement et sélectionnez votre branche.

3. Cliquez sur le bouton "New pull request".

4. Sélectionnez la branche de destination vers laquelle vous souhaitez fusionner les modifications.

5. Donnez un titre et une description à la pull request.

6. Ajoutez des réviseurs, c'est-à-dire les membres de l'équipe chargés de revoir les modifications.

7. Cliquez sur "Create pull request" pour ouvrir la pull request.

Une fois la pull request ouverte, les autres membres de l'équipe peuvent revoir le code, commenter les modifications, demander des modifications supplémentaires si nécessaire, et finalement approuver et fusionner la pull request.

8.3 Workflows de développement populaires

Les plates-formes d'hébergement offrent des options pour configurer des workflows de développement spécifiques à votre équipe. Certains des workflows populaires incluent :

- Gitflow : Un workflow de développement basé sur des branches bien définies pour les fonctionnalités, les corrections de bugs, les versions, etc.

- GitHub Flow : Un workflow simple basé sur des branches pour les fonctionnalités et les correctifs, avec des pull requests pour intégrer les modifications.

- GitLab Flow : Un workflow similaire à GitHub Flow, mais avec des capacités de déploiement et de gestion des versions supplémentaires.

Choisissez un workflow qui correspond le mieux à votre équipe et à vos besoins de développement.

En conclusion, l'intégration avec des plates-formes d'hébergement est essentielle pour faciliter la collaboration et la gestion de projets avec Git. Les fonctionnalités telles que les pull requests et les workflows de développement personnalisables vous aident à travailler de manière plus efficace et à améliorer la qualité de votre code. Utilisez les plates-formes d'hébergement pour maximiser le potentiel de Git et pour profiter pleinement des avantages de la gestion de version distribuée.

Chapitre 9 : Astuces supplémentaires et résolution de problèmes

Dans ce chapitre, nous allons aborder quelques astuces supplémentaires pour améliorer votre utilisation de Git et comment résoudre certains problèmes courants que vous pourriez rencontrer lors de votre travail avec ce système de contrôle de version.

9.1 Astuces pour un flux de travail plus efficace

Voici quelques astuces pour optimiser votre flux de travail avec Git :

- Utiliser les commandes interactives : Certaines commandes Git, comme "git add -p" pour des ajouts interactifs et "git commit -v" pour afficher les différences dans l'éditeur de texte, vous aident à mieux comprendre et valider les modifications avant de les enregistrer.
- Utiliser les branches temporaires : Pour des tâches rapides ou des expérimentations, créez des branches temporaires que vous pouvez supprimer par la suite, plutôt que de polluer votre historique de commits avec des modifications inachevées.
- Configurer Git globalement : Utilisez "git config --global" pour définir des configurations qui s'appliquent à tous vos projets, comme vos informations d'identification et vos alias préférés.

- Diviser les modifications en commits logiques : Lorsque vous travaillez sur une fonctionnalité ou un correctif, divisez les modifications logiquement cohérentes en plusieurs commits atomiques pour une meilleure lisibilité et une gestion plus aisée.

9.2 Résolution de problèmes courants

Voici comment résoudre quelques problèmes courants que vous pourriez rencontrer lors de l'utilisation de Git :

- Conflits de fusion : Si vous rencontrez des conflits lors de la fusion de branches, ouvrez les fichiers en conflit, résolvez les conflits manuellement, effectuez un commit pour valider les modifications, puis continuez la fusion avec "git merge --continue".
- Annuler un commit erroné : Si vous avez effectué un commit erroné, utilisez "git reset HEAD~1" pour annuler le dernier commit tout en maintenant les modifications dans votre répertoire de travail. Vous pouvez ensuite apporter les modifications nécessaires et effectuer un nouveau commit.
- Annuler des modifications locales non validées : Si vous avez des modifications locales non validées que vous souhaitez annuler, utilisez "git checkout -- nom_fichier" pour restaurer la version du fichier du dernier commit.
- Supprimer une branche : Pour supprimer une branche après l'avoir fusionnée ou si vous n'en avez plus besoin, utilisez "git branch -d nom_branche" pour la supprimer localement, et "git push origin --delete nom_branche" pour la supprimer sur le référentiel distant.

9.3 Ressources supplémentaires pour aller plus loin

Git est un outil puissant avec de nombreuses fonctionnalités avancées que nous n'avons pas pu couvrir en détail dans ce guide. Pour approfondir vos connaissances, voici quelques ressources supplémentaires utiles :

- Pro Git (https://git-scm.com/book/en/v2) : Le livre "Pro Git" de Scott Chacon et Ben Straub est une excellente ressource pour explorer Git en profondeur, avec des exemples concrets et des explications détaillées.
- Git - La documentation officielle (https://git-scm.com/doc) : La documentation officielle de Git est une référence complète pour toutes les commandes et fonctionnalités de Git.
- GitKraken, SourceTree : Ce sont des outils graphiques populaires qui fournissent des interfaces utilisateur conviviales pour visualiser et gérer vos référentiels Git.
- YouTube et blogs de développeurs : Sur YouTube et sur de nombreux blogs de développeurs, vous trouverez des didacticiels, des vidéos et des articles sur des sujets spécifiques de Git, ainsi que des astuces et des bonnes pratiques.

En explorant ces ressources supplémentaires, vous serez en mesure de maîtriser Git et d'utiliser cet outil de contrôle de version efficacement dans tous vos projets de développement logiciel.

Chapitre 10 : Conclusion

Félicitations pour avoir parcouru ce guide complet sur Git ! Vous avez maintenant acquis les connaissances essentielles pour utiliser Git efficacement dans vos projets de développement logiciel. En tant que système de contrôle de version distribué, Git offre de puissantes fonctionnalités pour suivre l'évolution de votre code, collaborer en équipe et gérer les projets de manière efficace.

Nous avons exploré les bases de Git, y compris l'initialisation d'un référentiel, les commits, les branches et les fusions. Nous avons ensuite approfondi les fonctionnalités avancées telles que le rebase, les tags, les sous-modules Git et Git Subtree. Vous avez également appris à collaborer avec d'autres développeurs en utilisant les plates-formes d'hébergement, les pull requests et les workflows de développement.

Quelques points clés à retenir :

1. Commencez petit : Si vous débutez avec Git, commencez par des projets simples pour vous familiariser avec les commandes de base avant de vous aventurer dans des projets plus complexes.
2. Pratiquez régulièrement : Git est un outil puissant qui nécessite de la pratique pour maîtriser pleinement ses fonctionnalités. Utilisez-le régulièrement dans vos projets pour renforcer vos compétences.
3. Collaborez et apprenez : Travaillez en équipe sur des projets Git pour comprendre les défis de la collaboration et apprendre les bonnes pratiques en matière de résolution de conflits et de revue de code.
4. Explorez les ressources supplémentaires : Git est vaste, et il y a toujours plus à apprendre. Utilisez les ressources supplémentaires mentionnées dans ce guide, comme la documentation officielle, les livres et les vidéos, pour approfondir vos connaissances.

Enfin, n'oubliez pas que Git est un outil flexible avec différentes approches pour accomplir des tâches spécifiques. Trouvez le flux de travail qui fonctionne le mieux pour vous et votre équipe.

Nous espérons que ce guide vous a été utile dans votre parcours d'apprentissage de Git et qu'il vous aidera à devenir un utilisateur compétent de ce puissant système de contrôle de version. Git est largement utilisé dans l'industrie du développement logiciel, et maîtriser cet outil vous sera certainement bénéfique tout au long de votre carrière.

Bon développement et collaboration avec Git ! Si vous avez d'autres questions ou avez besoin d'aide supplémentaire, n'hésitez pas à consulter les ressources mentionnées dans ce guide ou à explorer d'autres guides et didacticiels sur Git.

FIN